ITIAHaiti

ORGANISATION A BUT NON LUCRATIF

Innovation du Territoire par les Itiahistes Actifs d'Haïti

Organisation Littéraire et Artistique

Doctrine - Statuts - Idée de Projet

NB : Le masculin utilisé dans ce livre est équivalent au féminin.

PRÉFACE

Ce livre est destiné à tous ceux qui souhaitent découvrir plus sur l'Innovation du Territoire par les Itiahistes Actifs d'Haïti (ITIAHaïti), en particulier à ses membres. La plupart d'organisations ne divulguent pas leur vision, mission et leurs objectifs au grand public afin qu'on ne butine pas leurs idées de projet, ni copie leurs statuts. A ITIAHaïti, nous faisons la différence, nous croyons en une société où tout le monde ait accès à la voie de la réussite pour devenir autonomes. Ce livre vous guidera à découvrir l'une des meilleures organisations à but non lucratif de jeunes du monde, et vous invite également à en faire partie.

Le temps joue contre nous et nous ne pourrons pas atteindre notre vision sans vous. S'il vous plaît, marchons côte-à-côte pour la promotion de la jeunesse, l'inclusion et la cohésion sociale. En parcourant notre philosophie, notre idée de projet et nos articles d'organisation, vous plantez déjà un arbre pour le développement d'Haïti. N'hésitez pas à nous rejoindre en tant que membres fondateurs, adhérents ou honoraires.

Wilson Thelimo Louis,

Président/PDG d'ITIAHaïti

Bienvenue à bord!

LA DOCTRINE D'ITIAHaiti

Dans une période où la littérature haïtienne est presque passée au grand trépas, des jeunes écrivains se voient bon de lutter pour la rénovation des belles lettres haïtiennes. À la recherche d'une identité nationale, les itiahistes se sont réunis autour d'une organisation littéraire dénommée ITIAHaïti ou Innovation du Territoire par les Itiahistes Actifs d'Haïti. On croit que c'est le premier courant littéraire haïtien du 21ème siècle naissant d'un groupe de jeunes écrivains engagés, acceptant de se sacrifier et lever leurs mains pour dire non à toutes dérives qui se produisent au cours de leur existence.

D'où la doctrine d'itiahisme, organisation littéraire apparu le 12 juillet 2008 avec des jeunes poètes formant un club littéraire pour faire chanter la poésie et le théâtre dans la ville des Cayes. L'idée s'élargit sur les réseaux sociaux pour donner naissance à une école littéraire exaltant le terroir haïtien. La raison d'être d'ITIAHaïti est d'éclater la clarté d'un courant littéraire qui puise, qui traduit et qui reflète toutes les réalités d'Haïti en raison des constatations critiques à l'originalité de l'art. Elle promeut une littérature saine, nette et propre tout en prônant une poésie novatrice mettant en scène les idéologies contemporaines au même titre que l'évolution de la matière.

L'itiahisme se repose sur la croyance des belles lettres et l'encadrement de certaines formes d'associations œuvrant à l'essor de la culture haïtienne. Ses théoriciens visent à faire du territoire une source d'inspiration saine. Les itiahistes libèrent leur plume pour peindre la réalité de leur pays tout en mettant l'accent sur les faits divers qui se produisent dans la société. Selon eux, l'histoire ne peut être embellie sans les nuances, ni les cohérences sociales et sociétales. L'itiahisme parcoure des idées dans l'atmosphère morale en vue de synchroniser l'être et la patrie. Sa philosophie d'encadrement de soi se repose sur l'être humain comme étant le dieu de son ciel et miel de son abeille pour s'autonomiser du vrai sens de son existence. Sa doctrine de faire de l'homme et de la femme les matériaux de leur chef-d'œuvre lie tous les courants littéraires et philosophiques des siècles qui se questionnent sur l'extase du surréel. L'histoire de l'itiahisme est complètement inséparable de celle d'Haïti où elle s'est issue. Elle se synchronise avec la première République nègre indépendante, l'état d'une actuelle souveraineté piratée et l'avenir d'une puissance mondiale. Sa perception est purement pragmatique dans la mesure où toute réussite ne dépend que de soi.

L'itiahisme serait sûrement acceptable si elle avait comme conséquence immédiate l'action d'éliminer de l'histoire les intrus des philosophies de toutes doctrines maîtresses, de leurs mœurs, et de leurs coutumes qui font d'une part, la base de la croyance haïtienne et d'autre part, le pouvoir de mondialiser le créole haïtien entant que langue révolutionnaire. Les itiahistes ne se laissent influencer d'aucune autre culture, ils pleurent pour promouvoir les belles œuvres haïtiennes à l'échelle nationale et internationale. Leurs extériorisations s'exercent sur chaque faculté comme l'esprit sur la chair et s'oriente vers la voie droite pour qu'elles ne s'égarent pas. Les écrivains dudit courant ne font pas de rivalité philosophique entre eux, ces patriotes sont synthétique, focus et esthétique. Ce sont des penseurs qui parlent moins et disent plus. Cette doctrine tend à défendre une littérature typiquement haïtienne axée sur l'universalité.

L'idéal d'itiahisme se résume dans le combat pour la promotion, la libération des nègres et l'indépendance des peuples tout en faisant de la culture haïtienne le parchemin du progrès et du changement radical. C'est une forme de militantisme considérant comme étant une arme face aux puissances dévastatrices qui plongent le pays dans un chaos intellectuel, où les fils d'Haïti se voient dans l'obligation de s'exoder* à la recherche des besoins primaires. Ce qui pousse la jeunesse, force vivante, l'énergie et la semence de cette terre ancestrale à se désintéresser de sa propre culture.

Les itiahistes sont des combattants à l'outrance pour la liberté et le respect scrupuleux de la personne humaine. Pour eux, défendre leur identité culturelle en littérant* est l'une des stratégies gagnantes d'éduquer et d'initier une élite pour sauver leur patrie. Décrire la misère d'un peuple zombie de leur époque à travers leurs œuvres et exalter la beauté de ce qui leur reste de bon est un atout psychologique pour motiver la plus grande nation mondiale de 1804 à reprendre son flambeau. Ainsi, ces enthousiastes s'alarment pour réveiller la poésie, redorer les paysages, chanter leurs payses, faire de leurs plumes une thérapie pour les traumatisés (es) et un assaut contre les patrie-poches*.

L'itiahisme n'est ni un poème, ni une pièce de théâtre, ni un roman non plus. Étant créatif et créative, l'itiahiste adopte son propre style et est libre dans son œuvre. L'itiahiste n'écrase pas, mais construit. L'itiahiste ne fait pas que reprocher, mais conseille. L'itiahiste ne déforme pas, mais transforme. L'itiahiste ne fait pas que manifester contre, mais propose et s'impose. L'itiahiste déshabille en caressant, harmonise et se perfectionne en tout. Somme toute, l'itiahisme fait un trait d'union entre un passé délaissé, un présent alarmé et un futur endeuillé pour construire la société haïtienne.

Poète Wilson Thélimo Louis, le Chef de file.

Les statuts

d'ITIAHaiti

CHAPITRE I

DE L'IDENTIFICATION D'ITIAHaiti

ART.1- DENOMINATION

Voulant voir une Haïti autonome, l'Innovation du Territoire par les Itiahistes Actifs d'Haïti (ITIAHaiti) est fondée aux Cayes, dans le département du Sud d'Haïti, le 12 juillet 2008. Elle est une organisation littéraire et artistique à but non lucratif ayant pour mission de lutter pour de la rénovation de la culture haïtienne tout en faisant de l'éducation par le divertissement.

ART.2- SIEGE SOCIAL

L'ITIAHaiti est enregistrée aux Etats Unis d'Amérique le 24 juillet 2019 et son siège social est situé au numéro 45 Stanbro Street, Hyde Park, MA 02136, Massachusetts. Il peut être déplacé à n'importe quelle autre ville du pays sur demande expresse de l'Assemblée Générale.

ART.3- JURIDICTION

La juridiction d'Innovation du Territoire par les Itiahistes Actifs d'Haïti (ITIAHaiti) s'étend sur les Etats-Unis d'Amérique.

ART.4- LES OBJECTIFS D'ITIAHaiti

- D'exploser la clarté d'une culture qui peint, traduit et qui reflète les réalités d'Haïti
- Donner du soutien moral à ses membres
- Enseigner la gestion des conflits et l'apprentissage de la notion de fair-play à travers les sports aux différentes communautés
- Promouvoir le créole haïtien, la jeunesse, l'inclusion et la cohésion sociale à travers l'art
- Promouvoir une littérature saine, enseignable et originale tout en préconisant une poésie novatrice qui réanime les mythes haïtiens

- Renforcer l'autonomie des jeunes par le biais de la formation et travailler au renforcement de leurs capacités intrinsèques

- Rétablir la confiance dans la jeunesse à travers des séminaires de formations sur le changement de comportement et le leadership

- Soutenir les associations œuvrant au développement de la culture haïtienne.

ART.5- SES MOYENS

L'ITIAHaiti se propose d'atteindre ses objectifs par les moyens suivants :

- Favoriser la participation et l'intégration de ses membres aux organismes de financement internationaux, aux organisations non-gouvernementales intéressées à ses statuts
- Souscrire à toute action visant au renforcement des moyens des membres et associations travaillant avec l'ITIAHaiti.

ART.6- AFFILIATION

L'ITIAHaiti est une Organisation Non-Gouvernementale, non-confessionnel et apolitique travaillant avec d'autres Organisations, Groupements sociaux et Fondations partageant les mêmes objectifs, philosophies et qui évoluent dans les mêmes sphères d'activités tant sur le plan national qu'international, tout en sauvegardant son indépendance.

CHAPITRE II

MEMBRES

ART.7- CONDITIONS

Pour être membre d'ITIAHaiti, il faut :

- Comprendre sa doctrine et l'adopter
- Respecter et appliquer ses statuts
- Signer ses règlements internes

ART.8- CATEGORIES DE MEMBRES

Il existe au sein d'ITIAHaiti trois catégories de membres :

- les membres fondateurs
- les membres d'adhérents
- les membres d'honneurs.

ART.9- MEMBRES FONDATEURS

Les membres Fondateurs sont ceux qui ont pris part aux différentes démarches ayant abouti à la première Assemblée Générale constitutive d'ITIAHaiti, ayant voté les statuts et signé l'acte constitutif. Ils peuvent être aussi appelés membres actifs, c'est-à-dire, ceux qui ont participé régulièrement aux réunions, aux activités et aux prises de décision officielle d'ITIAHaiti.

ART.10- MEMBRES ADHERENTS

Les membres d'adhérents sont ceux qui ont intégré l'ITIAHaiti après avoir fait la demande auprès du Conseil d'Administration, soit à titre individuel ou de regroupement associatif. Ce sont également ceux, qui pour des raisons déterminées, ne prennent part régulièrement qu'aux activités d'ITIAHaiti et qui contribuent d'une façon ou d'une autre à la réalisation des objectifs visés par ITIAHaiti.

ART.11- MEMBRES D'HONNEURS

Les membres d'Honneurs sont les bienfaiteurs d'ITIAHaiti ou des personnes qui, d'une manière ou d'une autre, ont contribué financièrement à l'exécution des projets ou qui sont engagés dans la poursuite de ses objectifs.

ART.12 - ELECTION D'UN MEMBRE

D'HONNEUR

Sur présentation de deux membres du Conseil d'Administration et après approbation des autres membres du Conseil, toute personne physique ou morale peut être nommée membre d'Honneur d'ITIAHaiti. Le membre d'Honneur est dispensé du paiement de sa cotisation, mais, n'a pas droit de vote à l'Assemblée Générale.

CHAPITRE III

ASSEMBLEE GENERALE

ART.13- COMPOSITION

L'Assemblée Générale se compose de tous les membres régulièrement inscrits et en règle avec l'ITIAHaiti.

ART.14- ATTRIBUTIONS DE

L'ASSEMBLEE GENERALE

L'ITIAHaiti est dirigée par un Conseil d'Administration sous le contrôle de l'Assemblée Générale qui est l'instance suprême de ladite organisation littéraire et artistique. Elle se réunit une fois par an sous la convocation du Président d'ITIAHaiti. Cependant, en cas d'urgence et sur demande des deux tiers du conseil, elle peut être convoquée à l'extraordinaire. Les attributions de l'Assemblée Générale sont:

- Régler tout ce qui concerne l'ITIAHaiti et son fonctionnement intérieur
- Organiser les élections des membres du Conseil d'Administration
- Approuver les plans de travail, les projets et les stratégies de l'organisation

- Faire tous les actes nécessaires et prendre toutes les dispositions qu'elle juge opportunes à la bonne marche d'ITIAHaiti et qui ne sont pas en opposition avec les lois haïtiennes, ni celles des Etats Unis d'Amériques

- Modifier et amender les présents statuts.

ART.15- QUORUM DE L'ASSEMBLEE GENERALE

Le quorum pour la tenue de l'Assemblée Générale est de deux tiers. Si ce quorum n'est pas atteint, l'Assemblée Générale est renvoyée à la huitaine. A ce moment-là, l'Assemblée Générale est organisée quel que soit le nombre de personnes présentes.

CHAPITRE IV

CONSEIL D'ADMINISTRATION

ART.16 DIRECTION

Le Conseil d'Administration est composé de neuf membres et les relations entre les différents membres de ce conseil sont définies dans les règlements internes.

ART.17- COMPOSITION

Le Conseil d'Administration est composé de neuf membres suivants :

1. Un Président
2. Un vice-président
3. Un secrétaire
4. Un secrétaire adjoint
5. Un trésorier
6. Un trésorier adjoint
7. Un délégué
8. Un conseiller
9. Un conseiller

ART.18- QUORUM DU CONSEIL

D'ADMINISTRATION

Le quorum du Conseil d'Administration est de 50% +1 de la totalité des membres. Au cas où il y a l'égalité de voix, le vote du Président compte pour deux.

ART.19- REUNIONS

Le Conseil d'Administration se réunit deux fois par mois en son siège social ou à n'importe quel autre endroit désigné par des membres dudit conseil sous la convocation du Président. Les décisions se prennent soit par vote ou par consensus tout en recherchant de développer un leadership collectif pour faciliter l'harmonie et l'entente entre les membres du Conseil.

CHAPITRE V

ATTRIBUTIONS DU CONSEIL

D'ADMINISTRATION

ART.20- ATTRIBUTIONS DU CONSEIL D'ADMINISTRATION SONT :

- Admettre ou suspendre les membres d'ITIAHaiti en attendant la décision finale de l'Assemblée Générale
- Déterminer les dates des séances et des assemblées générales
- Instituer toutes commissions et sous-commissions nécessaires pour étudier, discuter, promouvoir ou atteindre les objectifs visés par l'ITIAHaiti
- Recevoir et étudier toutes les communications faites au Conseil d'Administration et soumettre son rapport à l'Assemblée Générale

- Se conformer aux décisions de l'Assemblée Générale tant ordinaire qu'extraordinaire
- Soumettre à l'Assemblée Générale toutes les questions qui nécessitent un vote de la part des membres, telles : élections des membres du Conseil d'Administration, demande d'alliance et changement de stratégies
- Veiller à l'application des règlements décrétés par l'Assemblée Générale
- Vérifier les comptes bancaires d'ITIAHaiti

ART.21- VOTE

Les décisions des réunions du Conseil d'Administration sont prises à la majorité des voix des membres présents. En cas d'égalité des voix, le vote du Président compte pour deux. L'élection des membres du Conseil d'Administration se fait par vote secret.

CHAPITRE VI

LES TACHES DES MEMBRES DU
CONSEIL D'ADMINISTRATION

ART.22- PRÉSIDENT

Le Président d'ITIAHaiti a pour devoir de :

- Convoquer le Conseil d'Administration et des assemblées générales tant ordinaires qu'extraordinaires
- Coordonner et présider les réunions du conseil et des assemblées générales
- Notifier aux intéressés les décisions prises en Assemblée Générale et superviser le fonctionnement des activités d'ITIAHaiti
- Préparer l'ordre du jour et le soumettre à l'avance aux membres du conseil
- Se faire représenter par le président dudit conseil en cas d'absence ou d'empêchement
- Signer les rapports et les pièces importantes.

ART.23- VICE-PRESIDENT

Le vice-président remplace automatiquement le Président en cas d'empêchement ou d'absence. Il jouit également toutes les prérogatives dans le cadre de sa fonction et coordonne sur la demande du Président au temps voulu.

ART.24- SECRETAIRE

Le Secrétaire est responsable des activités et de toutes les correspondances d'ITIAHaiti. Il rédige les procès-verbaux des réunions du conseil, de l'Assemblée Générale et les signent pour authentification. Il est le gardien de toutes les archives de l'organisation littéraire et artistique. Il est en charge de la formation, de l'éducation des membres d'ITIAHaiti et des associations ayant des rapports privilégiés avec l'ITIAHaiti. Annuellement, il prépare un plan de travail relatif à la formation aux membres du Conseil d'Administration pour approbation.

ART.25- SECRETAIRE ADJOINT

Le secrétaire adjoint remplace automatiquement le secrétaire titulaire en cas d'empêchement ou d'absence. Il jouit également toutes les prérogatives dans le cadre de sa fonction et agit sur la demande du secrétaire titulaire au moment désigné.

ART.26- LE CHEF DES

FINANCES/TRESORIER

Il administre les biens d'ITIAHaiti. Il est en charge également des fonds et doit tenir un compte exact des transactions financières. Il exécute les dépenses sous la supervision du Président ou du Conseil d'Administration. Il signe en général les chèques conjointement avec le Président. Il rend compte de son administration à l'Assemblée Générale en faisant apparaître annuellement un compte rendu des résultats financiers et un bilan annuel. Il prépare le budget de fonctionnement et d'investissement d'ITIAHaiti.

Toutefois, il pourrait arriver que les opérations financières de l'organisation littéraire et artistique soient d'une telle complexité qu'on serait obligé d'en confier la responsabilité à un service spécialisé placé sous son contrôle.

ART.27 L'ASSISTANT CHEF DES FINANCES/TRÉSORIER ADJOINT

L'Assistant chef des finances/trésorier adjoint remplace automatiquement le chef des finances/trésorier en cas d'empêchement ou d'absence. Il jouit également toutes les prérogatives dans le cadre de sa fonction et agit sur la demande du trésorier titulaire au moment moments convenus.

ART.28- DÉLÉGUÉ

Il est responsable de la propagande d'ITIAHaiti, pour vendre l'image et la politique de l'organisation littéraire et artistique en matière de développement. Il est également le porte-parole d'ITIAHaiti.

ART.29- CONSEILLER

Le Conseiller participe activement à toutes les réunions à titre de membre du conseil et donne son avis lors des prises de décision. Il peut être mandaté par le conseil pour représenter l'organisation littéraire et artistique le cas échéant.

ART.30- DEUXIEME CONSEILLER

Le Deuxième Conseiller participe activement à toutes les réunions à titre de membre du conseil et donne son avis lors des prises de décision. Tout comme le premier conseiller, il peut être mandaté par le conseil pour représenter l'organisation littéraire et artistique le cas échéant aussi.

ART.31- REMUNERATION

Les membres du Conseil d'Administration n'ont droit à aucune rémunération, sauf à des frais de déplacement ainsi qu'à ceux occasionnés par des attributions spéciales.

ART.32- ELIGIBILITE

Est éligible à une charge de dirigeant au conseil, tout membre qui est en règle avec l'ITIAHaiti. Les membres du conseil sont rééligibles. Un membre absent peut se porter candidat si et seulement s'il est représenté à l'assemblée de nomination par un membre dûment autorisé en son nom, en vertu d'une procédure établie par le comité électoral nommé par le Conseil d'Administration.

ART.33- DUREE DU MANDAT

Les membres du Conseil d'Administration sont élus pour un mandat de quatre ans. A la fin de ce mandat, tous les membres du conseil sont tenus de remettre charge et démission à l'Assemblée Générale. Cette formalité ne leur empêche en rien de briguer un nouveau mandat pour le même poste ou pour un poste différent.

CHAPITRE VII

DIRECTION EXECUTIVE ET DE SES

ATTRIBUTIONS

ART.34-

La Direction exécutive est l'organe technico-administratif chargé de la mise en application de la politique générale de l'organisation littéraire et artistique définie par le Conseil d'Administration. A ce titre, elle assure la continuité du conseil.

ART.35-

La Direction exécutive est placée sous le contrôle d'un technicien qualifié et expérimenté choisi par le conseil portant le nom de Directeur Exécutif.

ART.36-

Le directeur exécutif travaille sous l'autorité du Conseil d'Administration.

ART.37-

Ses attributions consistent à planifier, diriger et coordonner les activités de sa direction.

ART.38- GROUPES DE BASE, DES COMMISSIONS ET SOUS-COMMISSIONS

Les groupes de base et les commissions sont des organes socio-administratifs chargés de l'exécution des projets socioculturels et à la mise en place des structures de services nécessaires tels que définis aux objectifs d'ITIAHaiti afin d'assurer le suivi, l'entretien et la permanence des activités de l'organisation littéraire et artistique dans tous ses territoires géographiques. Ces entités travaillent sous la supervision du directeur exécutif définie par la politique du Conseil d'Administration.

CHAPITRE VIII

MODE D'ELECTION ET CONDITIONS

POUR ETRE CANDIDAT

ART.39-

Les élections sont prévues par suffrage direct chaque quatre ans pour élire les membres du Conseil d' Administration.

ART.40-

Pour participer aux élections qui seront organisées par le Conseil d'Administration lors d'une Assemblée Générale, il faut :

- Avoir la volonté d'aider les autres
- Etre membre actif au moins un an
- Maitrisé la doctrine d'ITIAHaiti

Art.41-

La direction exécutive forme une commission électorale ayant la charge d'organiser les élections. Elle peut être composée de cinq (5) membres dont trois (3) membres représentant l'Assemblée Générale.

ART.42-

Une fois que la commission électorale soit formée, elle procède à l'adoption des règles et modalités électorales et veille au respect scrupuleux des dits règlements et du calendrier établi.

ART.43-

Les candidats sont élus au scrutin secret à la majorité absolue de votes des membres actifs réunis en Assemblée Générale. Les membres sont rééligibles si le suffrage leur est favorable.

ART.44-

Après avoir préparé le procès-verbal de l'Assemblée Générale, les élus entrent en fonction immédiatement après leur élection.

CHAPITRE IX

RESSOURCES D'ITIAHaiti

Art.45-

Les ressources d'ITIAHaiti sont de deux catégories : ordinaires et extraordinaires

- Sont des ressources ordinaires : les cotisations, les frais de souscriptions, le financement local des projets et toutes activités socioculturelles. Les cotisations annuelles de chaque membre s'élèvent à 15 dollars américains

- Sont des ressources extraordinaires : les dons qui seront faits à ladite organisation littéraire et artistique par certains membres et par des organismes publics ou privés tant nationaux qu'internationaux.

CHAPITRE X

SUSPENSION, DE LA RADIATION ET DE LA REINTEGRATION

ART.46- DEMISSION

Un membre ou un regroupement d'associations adhérées peut, dans les délais prévus à cette fin, présenter sa démission auprès du Conseil d'Administration. Cette démission devient effective lorsqu'elle est signifiée par écrit au Président du Conseil. Un membre démissionnaire perd immédiatement tous ses droits et privilèges à compter de la date de sa démission.

Art.47- SUSPENSION D'UN MEMBRE

Est passible de suspension par le Conseil d'ITIAHaiti tout membre qui :

- refuse de se conformer aux engagements pris envers l'organisation littéraire et artistique
- cause un préjudice grave à l'ITIAHaiti
- néglige ou refuse de se conformer aux décisions de l'Assemblée Générale ou du conseil dans le cadre de ses attributions
- ne respecte pas la doctrine d'ITIAHaiti

Art.48- RECOURS

Un membre suspendu de l'organisation littéraire et artistique peut utiliser des recours en appliquant les procédures suivantes :

Dans les trente jours francs après la décision, le membre suspendu peut faire appel par écrit auprès d'un arbitre choisi en commun accord avec le Président du conseil. Passé ce délai, le membre est considéré comme radié d'ITIAHaiti. L'arbitre ainsi désigné, détermine la procédure et entend les parties avant de décider du litige. Sa décision doit être rendue dans le plus bref délai. Si l'arbitre maintient la suspension, le membre suspendu peut exercer un deuxième recours auprès de l'Assemblée Générale. Le litige sera entendu en Assemblée Générale extraordinaire pour délibérer définitivement. Cette procédure ne dépasse pas 60 jours.

ART.49- REINTEGRATION

Seul un membre démissionnaire peut réintégrer l'ITIAHaiti. Pour être réintégré, le membre démissionnaire doit faire la demande par écrit auprès du Président du Conseil d'Administration.

CHAPITRE XI

DISPOSITIONS GENERALES

ART.50 PROCEDURES

Le code de procédure pour le fonctionnement d'ITIAHaiti s'applique pour la tenue des assemblées générales et pour les attributions du Conseil d'Administration. Dans le cas des situations non prévues ou des difficultés d'interprétation, l'Assemblée Générale déterminera la marche à suivre.

CHAPITRE XII

AMENDEMENT, DISSOLUTION ET

LIQUIDATION

ART.51- AMENDEMENT DES STATUTS

Toute proposition ayant pour effet de suspendre ou de modifier les présents statuts, en tout ou en partie, doit être présentée par l'Assemblée Générale des membres par avis de motion. Cet avis de motion ne peut être pris en considération avant qu'il ait été lu à une Assemblée Générale extraordinaire et appuyé par au moins cinq membres du Conseil d'Administration. Tout changement apporté aux statuts de cette organisation littéraire et artistique n'entrera en vigueur qu'après avoir été approuvé par la majorité simple des membres composant l'Assemblée Générale.

ART.52- DISSOLUTION D'ITIAHaiti

La dissolution volontaire du d'ITIAHaiti ne pourra être envisagée tant qu'il existe des membres disposés à occuper tous les postes du Conseil d'Administration.

ART.53- LIQUIDATION

En cas de dissolution, les biens restant seront distribués à d'autres organisations littéraires et artistiques similaires.

MEMBRES FONDATEURS d'ITIAHaiti

Fait à Boston, le 12 aout 2019, en l'an 243ème des Etats-Unis d'Amérique. Suivent les signatures des membres fondateurs:

Aldajuste Mistral – Auguste Romelus – Berline Ramcesse Charlotin– Billy Pierre – Claudy Fanord - Cherlin Simon – Claude Sévère – Dieula Beaucamp – Emmanuel Marion – Emmanuel Romelus – Emmeline Menard - Franky Célestin – Fritz Gerard Davidson Dieu – Emmanuel Georges Mathieu – Esther Louis Lalanne - Guillaume Decopain – Hugens Lygens - Jacques Alciné – James Francisque – James Micaël Pierre – Jean-Bertrand Oriza - Jean Brenus Brezeau – Jean Jonel Alexandre – Jean Markens Clervil – Jean Philippe Desmornes – Jean Simon Léger – Jean Smith Auguste – Jean-

Jacques Plaisimond – Jeanne Yveline Neptune – Jessica Jessey Rene Louis - Nazaire – Junior Malbranche – Kenzy François – Louigens Istrop – Lyvita Cazeau – Makenzy Felix – Marconi Arthur Dèsrouillères – Marie Cécile Gilet – Marie Joane Dimanche – Maryns Starline Labossière – Max Getro Chavannes – Mendiny Joseph – Métélus Forde – Metichella Altema – Michel Denis - Michena Elysée – Onel Berrette – Osny Altema - Pedro Walter Bellabre – Pierre André Joachim – Pierre Frantz Maxi – Pierre Jodelin Léger – Pierre Roberson-Roland Neptune – Robentz Dorvil – Rodney Kelly Cornet – Rose Carmelle Fortuné – Rosemine Jean -Jacques – Rousselor René – Tisselin Noezil – Venel Senat – Watson Messeroux – Webert Joujoute – Wilguens Altema - Wilson

Thélimo Louis – Winchel Chérismé - Windy Coudo – Wolson Louis – Yves Mary Jean.

L'ACTE CONSTITUTIF D'ITIAHAITI

Le 12 aout 2019, en l'an 243ème des Etats-Unis d'Amérique à midi. Nous, membres fondateurs de cet organisation littéraire et artistique, avons réunis au numéro 45, Stanbro street, Boston, MA, 02136, USA, avons décidé de fonder une organisation non-gouvernementale à but non lucratif dénommée « Innovation du Territoire par les Itiahistes Actifs d'Haïti » adoptant le sigle : ITIAHaiti.

A cet effet, après avoir signé les documents constitutifs de l'organisation littéraire et artistique, les membres présents à cette Assemblée Générale ont élu un Conseil d'Administration de neuf membres avec un mandat de quatre ans dans l'objectif de travailler à la mise en place des stratégies pouvant aboutir à la réalisation des objectifs visés dans les statuts aux Etats Unis d'Amérique.

Enfin de compte, les questions d'intérêt général se centraient beaucoup sur l'engagement de tout un chacun pour la poursuite de ces causes nobles pour l'avancement de ladite l'organisation littéraire et artistique dénommée : « ITIAHaiti ou Innovation du Territoire par les Itiahistes Actifs d'Haïti ».

Ainsi, le Conseil d'Administration est composé des membres suivants :

Wilson Thelimo Louis, Président/PDG

Yves Mary Jean, Vice-Président

Emmeline A. Menard, Secrétaire

David Alexander Carroll II, Secrétaire Adjoint

Moses Lalane, Chef des Finances/Trésorier

Esther Louis Lalane, Trésorière Adjointe

Jean Bradley Derenoncourt, Délégué

Luc Junior Buissereth, Premier Conseiller

Onel Berrette, Deuxième Conseiller

Denis Michel, Directeur

Jessy René Louis, Directrice Adjointe

Boston, le 12 août 2019

L'IDEE DE

PROJET

L'ERADICATION DES CONFLITS ET DE LA

VIOLENCE A BOSTON, MASSACHUSETTS

RESUME DU PROJET

Ce projet implique le lancement d'un programme éducatif et récréatif pour les jeunes de Boston, Massachusetts pour promouvoir des loisirs sains, l'estime de soi, et l'augmentation des possibilités éducatives et professionnelles. Parce que de nombreux jeunes Haïtiens sont victimes de violence, ce projet va enseigner des techniques de résolution des conflits pour permettre aux jeunes d'éradiquer la violence dans leurs foyers et dans leurs communautés. Les participants seront d'abord apprendre à identifier les différentes formes de violence (verbales, physiques, dénigrements) et les conflits existant dans les communautés haïtiennes de Boston,

Massachusetts (Conflits politiques, Conflits d'Origine/Racisme, Conflits socioéconomiques, Conflits au travail, Conflits intercommunautaires et Conflits intra-communautaires ; Conflits familiaux, Violences sur les enfants, Conflits familiaux/ Violences Conjugale), ainsi que leurs manifestations, victimes, agresseurs, quand ils se produisent, leurs sources et ces jeunes vont ensuite travailler en groupe avec d'autres jeunes à proposer une atténuation ou des mesures de prévention des conflits et de la violence .

PROBLEMES A RESOUDRE/GROUPE CIBLE

Lors de l'analyse de la crise politique, la discrimination raciale et l'instabilité économique qui ont marginalisé la majorité de la population d'Haïti de Boston, Massachusetts il devient évident que ces conditions ont conduit à une augmentation de la violence contre les jeunes et les femmes des zones populaires, y compris l'exploitation, la traite des personnes, vol, agression, viol et la zombification des nouveaux immigrants haïtiens provenant de leurs propres proches. Ces problèmes constituent également une menace et de la peur pour ceux qui voudraient immigrer aux Etats Unis d'Amérique, comme la conception populaire de la diaspora aux haïtiens vivant en Haïti, disant que les Etats Unis d'Amérique un pays discriminatoire. Selon une étude de terrain menée par des étudiants en production de films et de documentaires de «Community Supported Film» à Roxbury, Massachusetts entre juillet et décembre 2018, on a révélé que la marginalisation d'immigrants provient non seulement de la barrière linguistique, mais aussi des parents, époux et amis de leurs communautés. Le groupe cible de cet engagement inclut ceux de la communauté les plus à risque de subir de la violence, y compris les femmes, les enfants et les jeunes, en particulier ceux dans des situations économiquement défavorisées à cause de leur nouveau statut dans aux Etats-Unis d'Amérique.

ACTIVITES VISEES PAR LE PROJET

Pour cet engagement, nous allons offrir un programme éducatif pour les jeunes de Boston, Massachusetts pendant les vacances d'été, qui dure de début de juin à la fin du mois d'aout. Les participants seront recrutés au cours des mois précédents à travers des réseaux sociaux, les organisations partenaires, dans les associations jeunesse d'Eglises et dans les écoles locales. En outre, les institutions gouvernementales, les entreprises et les organisations à but non lucratif seront sollicitées pour un soutien matériel et institutionnel au cours de cette période. Le programme va alors commencer en juin avec des séances de formation et des discussions de groupe organisées toutes les semaines sur le campus d'ITIAHaiti à Boston, Massachusetts. Les Séminaires seront axés sur «l'éradication de la violence et gestion des conflits», tel qu'il existe à Boston, Massachusetts.

Les discussions de groupe seront basés sur la violence, la cohésion sociale, et de la résolution pacifique des conflits. Comme de nombreux jeunes à apprendre efficacement grâce à des techniques d'enseignement appliquées, le programme comprendra également des sports et composantes artistiques. Le programme des sports comprendra de basket-ball, football, volleyball, soccer, et des tournois de ping-pong, au cours de laquelle nous allons nous concentrer sur les règles d'enseignement du fair-play et la prévention des conflits.

Dans le programme de l'art, les jeunes vont créer des tableaux d'art à l'aide d'un atelier de peinture, compositions musicales, pièces de théâtre, et d'autres œuvres pour exprimer leurs points de vue et des opinions sur la violence et la résolution des conflits. De même, nous allons organiser des concours de chant, de danse, de poésie, de dessin pour engager les jeunes dans les discussions sur la façon de résoudre les problèmes de la violence et de l'oppression dans leur société. A la fin du programme, une cérémonie de remise de diplômes aura lieu pour mettre en valeur les réalisations des jeunes, et des certificats seront distribués aux participants.

JUSTIFICATION DU PROJET

Notre niveau de succès pour cet engagement sera déterminée par plusieurs indicateurs clés, y compris les fonds recueillis, le nombre de participants inscrits, la participation à des groupes de discussion toutes les semaines, et la participation aux activités sportives et artistiques. Le pourcentage de participants inscrits qui ont terminé le programme et reçoivent un certificat sera également un bon indicateur de la réussite du programme. Pour procéder à une évaluation plus qualitative, nous allons demander aux participants de remplir un questionnaire de fermeture dans laquelle ils évalueront l'efficacité du programme et de partager leurs commentaires et suggestions. Dans le cadre de l'enquête, nous allons aussi demander aux participants de partager les expériences qu'ils avaient faites au cours de l'été dans lequel ils ont été en mesure d'appliquer les techniques de résolution de conflits qu'ils ont appris dans les séminaires. Ces enquêtes seront évaluées afin de déterminer quels aspects du programme ont été très populaires parmi les participants et ce qui doit être changé pour la continuité du projet dans les années à venir.

RESULTATS ESCOMPTES PAR LE PROJET

La violence est un problème rencontré par beaucoup trop d'immigrants dans la population haïtienne de Boston, en particulier les jeunes, les femmes et les enfants. Malheureusement, cette question est souvent négligée et n'est pas discutée ouvertement dans les arènes nationales. Pour résoudre ce problème, ce projet devrait faire partie d'un effort intégré à éradiquer la violence par la mobilisation de la jeunesse d'Haïti immigrée à Boston et de leur donner la formation dont ils ont besoin pour devenir des éducateurs communautaires, les agents de terrain et des spécialistes. Ces jeunes seront alors en mesure de mettre en œuvre de nouveaux programmes qui aideront à augmenter le consensus public sur la violence, améliorer la communication humaine dans la résolution des conflits, et de mobiliser les chefs de gouvernement pour améliorer la situation des droits de l'homme dans le pays. Ce projet permettra aux jeunes immigrants haïtiens de mener ces efforts de notre communauté. Les œuvres artistiques qu'elles produisent au cours du programme seront exposées dans la communauté pour en apprendre davantage sur les idées des jeunes sur la paix et l'éradication de la violence. En outre, les jeunes qui complètent notre programme seront en mesure d'enseigner à leurs parents les principes qu'ils ont appris. La structure du projet comprendra l'administration, les ressources humaines, les équipements, l'enseignement et la formation, les plans de sauvegarde pour les événements imprévus, et le suivi et l'évaluation.

NOTE

Nous sommes actuellement en train de finaliser un budget détaillé du projet et la préparation de contacter d'autres donateurs potentiels. Si vous considérez cette idée de projet, nous poursuivrons la recherche afin de développer pleinement le projet.

Wilson Thélimo Louis,

PDG d'ITIAHaiti

CONTACTEZ-NOUS

Téléphone :   +1 786-659-3961

Adresse électronique: itiahaiti@yahoo.fr

Vous pouvez aussi télécharger nos versions

électroniques, papiers et audio sur :

www.amazon.com

L'AMOUR ET LA PASSION, Poèmes

L'ECHO DES CAYES, Recueil de nouvelles

www.itiahaiti.org

itiahaiti@itiahaiti.org

SOMMAIRE

William Francis Galvin
Secretary of the
Commonwealth

The Commonwealth of Massachusetts
Secretary of the Commonwealth
State House, Boston, Massachusetts 02133

Date: August 26, 2019

To Whom It May Concern :

I hereby certify that according to the records of this office,
ITIAHAITI NONPROFIT CORPORATION

is a domestic corporation organized on **August 22, 2019**

I further certify that there are no proceedings presently pending under the Massachusetts General Laws Chapter 180 section 26 A, for revocation of the charter of said corporation; that the State Secretary has not received notice of dissolution of the corporation pursuant to Massachusetts General Laws, Chapter 180, Section 11, 11A, or 11B; that said corporation has filed all annual reports, and paid all fees with respect to such reports, and so far as appears of record said corporation has legal existence and is in good standing with this office.

In testimony of which,
I have hereunto affixed the
Great Seal of the Commonwealth
on the date first above written.

Secretary of the Commonwealth

Certificate Number: 19080485070
Verify this Certificate at: http://corp.sec.state.ma.us/CorpWeb/Certificates/Verify.aspx
Processed by: